BEI GRIN MACHT SICH IHR WISSEN BEZAHLT

AF149924

- Wir veröffentlichen Ihre Hausarbeit, Bachelor- und Masterarbeit

- Ihr eigenes eBook und Buch - weltweit in allen wichtigen Shops

- Verdienen Sie an jedem Verkauf

Jetzt bei www.GRIN.com hochladen und kostenlos publizieren

Stefan Tuczek

»Ich kann dich doch nicht wärmen mit deinem Messer in den Gedärmen« – Sexualität und Gewalt in frühen Dramen Peter Weiss'

GRIN Verlag

Bibliografische Information der Deutschen Nationalbibliothek:

Die Deutsche Bibliothek verzeichnet diese Publikation in der Deutschen National-
bibliografie; detaillierte bibliografische Daten sind im Internet über http://dnb.d-
nb.de/ abrufbar.

Impressum:

Copyright © 2012 GRIN Verlag GmbH
Druck und Bindung: Books on Demand GmbH, Norderstedt Germany
ISBN: 978-3-656-33223-7

Dieses Buch bei GRIN:

http://www.grin.com/de/e-book/205900/ich-kann-dich-doch-nicht-waermen-mit-
deinem-messer-in-den-gedaermen

GRIN - Your knowledge has value

Der GRIN Verlag publiziert seit 1998 wissenschaftliche Arbeiten von Studenten, Hochschullehrern und anderen Akademikern als eBook und gedrucktes Buch. Die Verlagswebsite www.grin.com ist die ideale Plattform zur Veröffentlichung von Hausarbeiten, Abschlussarbeiten, wissenschaftlichen Aufsätzen, Dissertationen und Fachbüchern.

Besuchen Sie uns im Internet:

http://www.grin.com/

http://www.facebook.com/grincom

http://www.twitter.com/grin_com

»Ich kann dich doch nicht wärmen mit deinem Messer in den Gedärmen« – Sexualität und Gewalt in frühen Dramen Peter Weiss'

Das Geschlechtliche. ~~Die anwachsenden Penisformen~~. Das Suchen nach weichen Gliedern, daran zu tasten, sie zu liebkosen. Brüste. Hüften. Schösse. Sich an sie zu schmiegen, sich in sie hineinzudrängen. Die innere Welt, ich liefere mich ihr aus. (Kopenhagener Journal, 13)

Dieses Zitat stammt aus dem *Kopenhagener Journal*, einem Tagebuch, das Peter Weiss zwischen Juli und Dezember 1960 führte. Es war nie für die Öffentlichkeit bestimmt, enthält es doch sehr private Einsichten, Ansichten und Gedanken von Peter Weiss. Einen großen Raum nimmt das Nachdenken über Sexualität ein, ein konflikthafter Erfahrungsbereich, der Weiss zeit seines Lebens stark beschäftigt hat. Es wird daher nicht verwundern, dass der Sexualitätsdiskurs nicht nur im Privatraum von Weiss eine große Rolle gespielt hat, sondern auch in seinem gesamten Œuvre – angefangen von den Collagen zu *Abschied von den Eltern* und *Der Schatten des Körpers des Kutschers*, über die experimentellen Filme, bis hin zu seinem literarischen Werk – präsent ist.

Sexualität ist eine Erfahrung mit der sich jeder Mensch auseinandersetzt, sie gehört zu unserer Lebenswelt, wir werden jeden Tag mit ihr konfrontiert: sowohl im eigenen Privatraum als auch durch die Medien. Die Sexualität ist ein allgegenwärtiger Diskurs. Der französische Denker Michel Foucault begreift den Sexulitätsdiskurs als Ausdruck von Machtbeziehungen in der Gesellschaft. Machtbeziehungen sind alle zwischenmenschlichen Beziehungen, die durch Regeln, Normen und Verbote geregelt sind. Zu den Beziehungsgeflechten gehört zwangsläufig die Sexualität. In unserer heutigen Gesellschaft ist es kaum noch vorstellbar, aber in den früheren Epochen, bis sogar weit nach 1900, war der Sexualität ein breiter Regel- und Normenkatalog auferlegt.

Interessanterweise wird in der Literatur eben nicht nur die für »normal« erklärte Sexualität thematisiert, sondern die Abweichung. In diesen Diskurs reihen sich viele Autoren ein, direkt oder indirekt verweisen sie auf erotische Abenteuer und Erlebnisse, und dabei werden oft Regelüberschreitungen beschrieben. Besonders möchte ich auf Bertolt Brecht hinweisen, dessen Darstellung von Sexualität im sozialen Kontext für Peter Weiss als Orientierung angesehen werden kann.

In seinem literarischen Werk thematisiert Peter Weiss eine Befreiung des Einzelnen von der Normierung der Gesellschaft, er inszeniert die Revolte des Einzelnen und revolutionäre soziale Befreiungsversuche, zu der ebenfalls die sexuelle Freiheit zählt. Den Schwerpunkt werde ich in meinen Ausführungen auf Weiss frühe Dramen legen. Darunter verstehe ich alle Stücke bis zum *Marat/Sade*, da dieses Drama ein Kulminationspunkt in Weiss Œuvre bildet, denn hier verbinden sich viele Elemente aus seinen frühen Arbeiten zu seinem ersten Stück mit explizit politischem Gehalt. Peter Weiss bemerkte in einem Interview, dass seine ersten Dramen unweigerlich auf den *Marat/Sade* hinarbeiteten. Mein Korpus umfasst demnach den *Turm* (1948), *Nacht mit Gästen* (1963) und *Marat/Sade* (1962/63). Dabei gehe ich von der These aus, dass Weiss die Darstellung von Sexualität mit Gewalt verbindet, wobei diese zunächst in einem privaten Raum thematisiert wird, den Weiss parabelhaft ausarbeitet, damit er für alle Räume stehen kann, und dann in einen öffentlich-politischen Raum transportiert wird, d. h. dass private sexuelle Gewalterfahrungen sich zu welchen mit politischem Hintergrund entwickeln. Gleichzeitig existieren in seinen Dramen nur asymmetrische Beziehungen, in denen entweder der Mann oder die Frau der Herrscher, und der jeweils andere der Beherrschte.

Ich möchte darauf hinweisen, dass ich das literarisches Personal und den Autor nicht gleichsetzten werde, sondern als unterscheidbare Instanzen betrachte., demnach werde ich die Biografie von Weiss nicht als Erklärungsmuster für sein literarisches Werk gebrauchen.

1. *Der Turm* (1948) – Der ewige Kampf von Eros und Thanatos

Ich komme nun zum ersten dramatischen Stück von Weiss. In meiner Arbeitsthese gehe ich davon aus, dass in diesem Stück sexuelle Gewalt per Psychoanalyse thematisiert wird, und demnach ein privat-psychisches Problem darstellt.

In Weiss erstem Drama von 1948 werden wir Zeuge wie der junge Pablo in den Turm zurückkehrt, sein früheres Heim. Der Turm wird von einer Zirkustruppe bewohnt, die sich aus Akrobaten, Tänzern, Zwergen und Tierbändigern zusammensetzt. Im Zirkus herrscht eine strenge Hierarchie, in der der Direktor und die Verwalterin über die Ordnung und die Struktur wachen. Als oberster Grundsatz gilt: Wer zum Turmzirkus gehört, gehört sein ganzes Leben dazu. Pablo ist vor Jahren geflohen unter heftiger Gegenwehr der Gesellschaft des Turmes. Zu dieser Turmgesellschaft kehrt Pablo unter dem Namen Niente zurück. Der Name Niente könnte soviel wie »Niemand« bedeuten. Er begegnet seinen früheren Kameraden, unter anderem seinen Freund Carlo, und er erinnert sich, dass seine Liebe Nelly tot ist, sie wurde vom Zauberer in den Tod getrieben. Der Zauberer scheint die einzige Figur im Stück zu sein, die außerhalb aller Ordnungen und Strukturen steht. Pablo stellt sich dem Zauberer, widersteht dessen tödlichem Einfluss und kann sich in letzter Konsequenz der Turmgesellschaft entziehen.

Der Turm steht für Pablo gleichsam als Gefängnis, als Vergangenheit, die er selbst nach seiner Flucht nicht los wird. Gleichzeitig steht der Zirkus, in dem er aufgewachsen ist als Balanceur, für seine Familie. Er kehrt nicht nur wegen Nelly zurück, sondern auch um sich von seiner »Familie«, seiner Vergangenheit zu lösen, die Nabelschnur zu durchtrennen. Er tritt deshalb als Niente auf, der ein Entfesslungskünstler ist. Dadurch, dass er sich seiner Vergangenheit stellt, sich aus den Fesseln seiner Familie befreit, kann er wieder seinen richtigen Namen, also Pablo, führen.

Die Motivstruktur in *Der Turm* legt eine psychoanalytische bzw. freudianische Lesart nahe: Der Turm steht für die menschliche Psyche, die geprägt ist durch Familie, eben dieser Zirkusfamilie, von der man sich lösen muss, wenn man ein selbstständiges Wesen sein möchte, aber auch Triebe beherrschen die Psyche, die symbolisiert werden durch einzelne Gestalten des Zirkus. Nach Freud beherrschen zwei Triebe die Psyche: Eros und Thanatos. Sigmund Freud identifiziert Eros und Thanatos, in seinem Aufsatz *Jenseits des Lustprinzipes* (1920), als die zwei Triebe, die in uns um die Vorherrschaft kämpfen. Eros strebe zum Organischen, wäre demzufolge das lebensbejahende Prinzip, es falle mit unserer Libido zusammen und wäre unser Selbsterhaltungstrieb. Dagegen stehe Thanatos, es strebe zum Anorganischen, wäre demnach unser Selbstzerstörungstrieb. Diese zwei Triebe werden bei Weiss durch die Zirkusmitglieder symbolisch repräsentiert: Der Zauberer verkörpert Thanatos, während Nelly und die Dompteuse Eros verkörpern, also die Libido, die Lust.

Der Zauberer ist im *Turm* das negative Prinzip. So treibt er Nelly in den Tod. Das gleiche versucht er nun mit Pablo durch Hypnose, Gaukelei und Lügen. So redet er Pablo ein, er habe die Dompteuse vergewaltigt:

Pablo   Überall tauchtest du auf mit deinem Flüstern. In der Umkleideloge sah ich dich plötzlich im Spiegel. Nachts fühlte ich plötzlich, daß du neben mir auf dem Bettrand saßst. […] Aus Furcht vertraute ich mich dir an. Ich hatte Angst […] Parasit! […]

Zauberer   *gefährlich* Kommst du hierher, um mich anzuklagen? Hast wohl vergessen, was du mit der Dompteuse angestellt hast. Hast wohl vergessen, warum man

	dich zum Löwen in den Käfig sperrte. – Da lagt ihr zwei Tiere hinterm Gitter und die Ratten pfiffen. Du beichtetest mir – batest mich um Hilfe –
Pablo	Ich hab' dir nicht alles gesagt –
Zauberer	War wohl sie, die dich verführt hatte, was? Dir die Kleider abgerissen, was? Sich mit dir auf dem Boden rumgewälzt? Sie schrie wohl nur aus Lust?
Pablo	Sie schrie, weil ich sie nicht anrührte. Weil ich zurückwich. Ich war plötzlich wie gelähmt. Sah nur Nelly vor mir. Sah, wie sie da in der Arena lag – was hast du mit Nelly gemacht?
Zauberer	Armer kleiner Pablo. Pablo, der nie aus dem Turm rausgekommen ist. Pablo – Balanceur auf dem großen roten Ball. *Seine letzten Worte sind in einen hallenden Echoklang übergegangen. Mit lockender, hypnotisierender Stimme fährt er fort* – Komm, komm – gib mir deine Hand […] (Turm, 10)

Diesem zerstörerischen Prinzip wirkt Eros entgegen, das durch Nelly und durch die Dompteuse verkörpert wird. Das Eros-Prinzip ist hier zweigeteilt: Nelly, die Tänzerin, ist eine sanfte passive Figur, die sich durch Anmut und Grazie auszeichnet, während die Dompteuse, die Tierbändigerin, mit Metall und Leder, eine aktive Rolle einnimmt. Mit beiden Frauen hatte Pablo eine sexuelle Beziehung.

Wie schon angedeutet ist seine Liebe zu Nelly eine zentrale Kraft, die Pablo zudem die Kraft gibt sich gegen den Zauberer durchzusetzen. Pablo erinnert sich immer wieder daran, was der Zauberer ihr angetan hat, und kann sich so gegen ihn stellen.

Die andere Seite des Eros scheint eine grausame zu sein: Die Dompteuse ist eine Frau, die mit Leder und Metall einen Panzer am Körper trägt, und durch die Peitschen eine dominant bändigende Art ausdrückt. Sie bändigt nicht nur die wildesten Tiere, sondern auch die Männer, die mit den wilden Tieren gleichgesetzt werden. Die Assoziation zu einer Domina ist nicht allzu weit entfernt. Während Pablo gegenüber Nelly einen aktiven Part hatte, er bestimmt, wann sie den Beischlaf ausüben, nimmt er gegenüber der Dompteuse eine passive Rolle ein:

Pablo	*versunken* Ich erinnere mich an den Tag, an dem du ankamst […] stand an der Tür, als du auspacktest – ich erschrak, als ich sah, daß alles in deinem Koffer aus Leder und Metall war. – Dann kamst du zu mir – fragtest mich wie ich hieße – packtest mich am Arm – am Haar –

Dompteuse	Am ganzen Körper hast du gezittert – […] Ganz außer dir warst du, als du abends zu mir kamst – oh – *sie umarmen einander* – sei doch nicht so heftig – sei doch nicht so aufgeregt –
Pablo	Dein Panzer – du bist gepanzert – dein ganzer Körper ist gepanzert –
Zauberer	*eilig, wie der Berichterstatter eines Ringkampfes* Jetzt küsst sie ihn – sie reißt sein Hemd auf – sie beißt ihn – sie schlägt ihre Krallen in ihn – er umschlingt sie – sie zurück – er ihr nach – sie geht zu Boden – er stürzt sich über sie – jetzt gilt's – *laut rufend* Jetzt gilt es – Pablo! […]
Pablo	Ja! Hier bin ich! Ich bin hier! (Turm, 21/22)

Der angedeutete Beischlaf zwischen der Dompteuse und Pablo mutet wie ein Ringkampf bzw. Kampf der Leiber an, beide versuchen dominant zu sein, der Sex ist demzufolge aggressiv und »entfesselt«. Trotz oder eben wegen der gewaltsamen Art und Weise des Beischlafes findet Pablo den Mut sich dem Zauberer zu stellen, und kann sich somit vom Turm abnabeln. Die sexuelle Gewalt ist, in der Lesart nach Freud, demzufolge eine innerpsychische: Gewaltfantasien, wie Vergewaltigung, und sexuelle Vorherrschaft sind psychische Phänomene, die angeregt durch Eros und Thanatos, in der Psyche kämpfen, dem Stück scheinen Weiss' Kenntnisse und Erfahrungen der Psychoanalyse eingeschrieben zu sein..

2. *Nacht mit Gästen* (1963) – Parabel von privater und öffentlicher Gewalt

Während *Der Turm* uns sexuelle Gewalt als eine privat-psychische Angelegenheit vorführt, wird diese Gewalterfahrung im Moritat *Nacht mit Gästen* um die Dimension des öffentlichen Raumes erweitert.

Eine archetypische Familie, bestehend aus Mann, Frau und zwei Kindern, sitzt beim Essen, als ein Gast in der Nacht in ihr Haus eindringt. Der Gast nennt sich »Kaspar Rosenrot«, wird identifizierbar als ein Dieb und Mörder, der die Familie ausrauben will. Um den drohenden Tod abzuwenden, möchte der Mann den Gast mit einer Kiste voller Gold bestechen. Der Mann wird in die Nacht geschickt um die Kiste zu holen, währenddessen wird der Gast von Frau und Kindern bewirtet und umsorgt, gleichzeitig versuchen sie ihn (!) zu ermorden. Am Ende des Stückes taucht eine als »Warner« bezeichnete Figur auf, der vorgibt, die Familie vor einem umherziehenden Mörder warnen zu wollen, aber zugleich am Gold interessiert ist. Er und der Gast töten den Mann und die Frau. Letztendlich kämpfen der Gast und der Warner

5

gegeneinander und töten einander. Die Kinder sind die Einzigen, die die Bluttat überleben und flüchten mit dem Schatz, der sich als eine Futterkiste voller Rübe erweist, in die Nacht. Peter Weiss präsentiert uns ein Stück voller Gewalt und moralischer Doppelbödigkeit. Die sexuelle Gewalt ist keine offensichtliche, sondern eine symbolische: Der Gast besitzt ein Messer, das ein Gewaltinstrument und ein Symbol ist, mit dem er die Familie bedroht:

Gast   Ich bin der Kaspar Rosenrot

              mit meinem Messer stech ich euch tot

              husch flusch Pustekuchen

              kommt der Kaspar euch besuchen

              [...]

Gast   *schleift sein Messer*

              Schliff schliff schleif

              das Messer ist hart die Haut ist weich (Nacht, 97/98)

Man darf sich nicht durch die naiv-kindliche Art und Weise des Textes täuschen lassen, der an Kinderreime erinnert, Weiss referiert hiermit auf die Tradition der Schaubude, der Kaspertheater und des »Theaters der Grausamkeit« bei Arthaud. In dieser Tradition ist es nicht unüblich, dass sexuelle Inhalte vermittelt werden. Das Messer des Gastes ist mit den Attributen hart und scharf versehen: Es ist ein Phallussymbol. Das Geschlecht des Mannes wird als ein gefährliches dargestellt. Die Bedrohung des Gastes ist demnach eine zweideutige: die reale Gefahr des Messers mit seiner tödlichen Klinge und die sexuelle Gefahr des männlichen Geschlechtes. Wenn der Mann sich dem Gast unterwirft, dann ist dies wieder zweideutig zu verstehen: Der Mann hat Angst vor dem tödlichen Messer, und er gibt auf, weil der Gast die vermeintlich größere Potenz besitzt. Der Mann muss das Haus und seinen Platz in der Familie räumen, und da der Gast die militantere Potenz besitzt, wird er trotz seiner eindeutigen Tötungsabsichten als neues Oberhaupt der Familie akzeptiert:

Kinder   Lieber Vater Rosenrot

              komm und teil unser Abendbrot

              komm und bleib unser Gast

              selbst wenn du keinen Hunger hast

              iß von dem Fisch und trink von dem Bier

              sei unser Vater und bleibe hier

Frau	Ach lieber Kaspar sieh mich an
	teile mein Bett und sei mein Mann (Nacht, 104)

Die Kinder akzeptieren den Gast sofort als Vater, und selbst die Frau unterwirft sich der tödlichen Macht des Gastes. Sie lädt ihn ein, ihr Mann und Sexualpartner zu werden. Der Gast hat die Frau mit seinem Messer, also unter Gewaltandrohung, sexuell gefügig gemacht. Selbst im Bett legt er das Messer nicht ab, es bleibt immer eine potenzielle bzw. latente Gefahr, und als die Frau zärtlich sein will, weist er sie herrisch zurück mit dem Hinweis, dass er der Meister ist. Neben die körperliche Gewalt tritt die verbale Gewalt in Form eines Sprechverbotes:

Frau	Ich kann dich doch nicht wärmen
	mit deinem Messer in den Gedärmen
Gast	Du tust was ich sage und bist still
	ich halte das Messer wie ich will (Nacht, 108)

Es ist kein Platz für Liebe und Zärtlichkeit, der Mann bzw. der Gast bestimmt was getan wird, und der Rest der Familie muss ihm gehorchen. Weiss entwirft damit eine strenge patriarchalische Hierarchie mit tradierten Rollenverhalten.

Scheinbar besitzt der Gast die absolute Kontrolle, solange er das tödliche Messer hat bzw. die Potenz, doch als Warner ebenfalls mit einem Messer auftaucht, wankt seine Vormachtstellung: Beide kämpfen nicht nur um das Gold, sondern auch um den Platz im »Haus«, also um die Frau, mit ihrer sexuellen Verfügbarkeit, die sie mit dem Messer erzwingen können.

Die sexuelle Gewalterfahrung ist konkret im privaten Raum angesiedelt, sie findet im Raum der Familie satt, in die jemand von Außen eindringt und die Frau sexuell hörig macht und die Kinder bedroht. Der Mann mit der größeren Potenz wird Oberhaupt der Familie. Gleichzeitig erhält diese Gewalt einen öffentlichen Geltungsbereich, durch die zeitlich, räumliche und soziale Offenheit des Stückes und durch die namenlos und holzschnittartig gehaltenen Figuren der Handlung, die Typen verkörpern. Das bedeutet, das Stück besitzt eine allgemeingültige Botschaft: Niemand erscheint vor Tod bzw. dem Getötet-werden und sexueller Gewalt geschützt, jeder kann in die Rolle des Gastes oder der Frau geraten.

3. *Die Verfolgung und Ermordung Jean Paul Marats dargestellt durch die Schauspielgruppe des Hospizes zu Charenton unter Anleitung des Herrn de Sade* (1962/63) – Sexualität und Gewalt im politischen Kontext

Dass sexuelle Gewalt in einer politischen Dimension gedacht werden kann, lässt sich an Weiss' Drama *Marat/Sade* nachweisen. Das Drama entstand 1962/63 und stellt den Kulminationspunkt im dramatischen Schaffen und in der öffentlichen Wahrnehmung von Peter Weiss dar. Das Drama vereint viele Motive, geistige Ansätze und theatralische Darstellungsmittel aus den früheren Stücken und stellt sie in einen eminent politisch-geschichtlichen Zusammenhang.

Im Mittelpunkt des *Marat/Sade* steht der ehemalige Marquis de Sade, der seinen Lebensabend im Hospiz zu Charenton verbringen muss. Dieses Hospiz ist eine Irrenanstalt, in dem nicht nur der Auswurf der Gesellschaft, wie sich der Anstaltsleiter Coulmier ausdrückt, versammelt ist, sondern auch politische Häftlinge, die dem napoleonischen Regime zu unbequem geworden sind. Im Bad der Irrenanstalt führt de Sade, der von seiner Familie und dem Regime eingeliefert wurde, im Jahre 1808 ein Theaterstück aufführen, das de Sade anlässlich des fünfzehnten Todestages von Jean Paul Marat geschrieben hat, dem ehemaligen Agitator der rechten Jakobiner. In diesem Stück lässt er den Mord von Jean Paul Marat durch die girondistische Charlotte Corday nachstellen, wobei de Sade die sozialistischen Ideen und die von Marat geforderten Gewalttaten rekapituliert. Die Schauspieler von de Sades Stück sind alles Insassen der Anstalt und gleichzeitig spielt de Sade sich selber in seinem eigenen Stück und tritt immer wieder in einen Dialog mit der von ihm konstruierten Figur des Marat über die Französische Revolution.

Das Stück des de Sade ist folglich ein Stück im Stück und somit funktioniert Weiss' Drama *Marat/Sade* auf drei Zeitebenen. Die erste Zeitebene ist das Jahr 1808, in dem de Sade und die Insassen der Anstalt das Theaterstück über die Ermordung von Marat aufführen. Die zweite Zeitebene ist das Jahr 1793, in dem de Sades Stück spielt. Die dritte Zeitebene ist jene, in der die Rezipienten des Stückes leben. Diese Ebene wird dadurch suggeriert, dass die Rezipienten des Stückes direkt durch die Figuren angesprochen werden, so z. B. bittet der Ausrufer die Zuschauer sich nicht über die Kirchenkritik von Sades Marat aufzuregen. Wichtig ist, dass diese Rezipienten sowohl jene Zuschauer in der Anstalt sind als auch jene die sich das Stück im Theater ansehen.

Schon der Titel von Weiss' Drama enthält Lexeme die auf Gewalt und Sexualität hinweisen: Das Drama heißt vollständig *Die Verfolgung und Ermordung Jean Paul Marats dargestellt*

durch die Schauspielgruppe des Hospizes zu Charenton unter Anleitung des Herrn de Sade.
Die Lexeme Verfolgung und Ermordung stehen oft im konkreten Zusammenhang, und sind mit Gewalt verbunden. Sowohl Verfolgung und Ermordung sind Aktionen, die oft politisch motiviert sind, und mit Brutalität konotiert sind. Dass die Ermordung und Verfolgung von Marat durch de Sades inszeniert wird deutet darauf hin, dass ein sexueller Kontext für diese Taten gegeben wird: Der ehemalige Marquis ist der Namenspatron des Sadismus und ist bekannt für seine Zeitkritik, die er mithilfe von sexuellen Gewaltszenerien darstellt.

Die politische Gewalt, die mit Sexualität verbunden wird, nimmt in Weiss und de Sades Drama verschiedene Formen an, was bei der Charlotte Corday sehr deutlich wird. Sie stammt aus dem kleinen Ort Caen und ist eine girondistische Abgeordnete, die in Marat einen Tyrannen sieht, den Urheber aller politischen Gewalt, besonders der Massenhinrichtungen durch die Guillotine. Sie reist nach Paris, kauft sich dort ein Messer, und fasst den Vorsatz dem Terror ein Ende zu setzten, indem sie Marat umbringt. Charlotte Corday instrumentalisiert sich damit selbst, und glaubt damit einen Dienst für die Allgemeinheit zu verrichten. Ihr Auftreten ist sehr erotisch, da Weiss de Sade vorsehen, dass die Insassin, die die Corday spielt, als Kostüm ein durchsichtiges Hemd tragen soll, dass ihr Brüste nicht verdeckt. Zwischen ihren Brüsten bzw. am Herzen verbirgt sie das Messer mit dem sie Marat umbringen will, das macht sie zu einer Feme Fatale. Jedoch ist die Patientin, die die Corday, spielt eine Somnambule. Das bedeutet wiederum, die Feme Fatale ist eine passive, die nur zum Akt des Tötens aufwacht und zuschlägt. Damit ist die Frau passiv, die latent gefährlich wird. Cordays Ankündigung des Mordes an Marat erfolgt in auffällig erotischer Sprechweise:

Corday   Was ich ihm zu sagen habe kann ich nicht schreiben

Ich will vor ihm stehn und ihn ansehn

im Ton einer Liebeserklärung

ich will sein Zittern sehn

und den Schweiß auf seiner Stirn

und in seine Rippen will ich den Dolch treiben

den ich unter meinem Brusttuch verwahre

besessen

In beide Hände werde ich den Dolch nehmen

und ihn in seine Haut schlagen

und dann will ich hören

nähert sich Marats Wanne

was er mir zu antworten hat (Marat/Sade, 28)

Der Akt des Tötens wird von Corday rhetorisch erotisiert, sie trägt ihre Absicht wie eine Liebeserklärung vor. Marats »Zittern« und sein »Schweiß auf der Stirn« stehen sowohl als Anzeichen für eine sexuelle Vereinigung, als auch für einen Todeskampf. Hier findet sich der Dolch als Waffe wieder, wie ich es bei *Nacht mit Gästen* schon beschrieben habe. Der markante Unterschied ist jedoch, dass die Frau die tödliche Waffe führt bzw. die sexuelle Gewalt besitzt. In der Relation zu Marat wird deutlich, dass dieser nicht über sexuelle Potenz verfügt: Er ist krank: Er sitzt in der Wanne mit einem starken Hautleiden und wird dabei von Paranoia und Fieberwahn heimgesucht. Die Rollen haben sich umgekehrt, der Mann ist passiv und die Frau aktiv bzw. Marat ist der derjenige der Politik über Agitation betreibt, während die Corday politisch aktiv handelt und dabei über Marats sexuelles, wie auch über sein politisches Leben, bestimmt.

Corday ist nur in der Beziehung zu Marat die Herrscherin, in der Beziehung zu Duperret ist sie wieder die Passive. Duperret ist ein Girondist aus Paris, den die Corday in ihre Pläne einweiht, dabei pflegen die beiden eine Liebesbeziehung. Laut Weiss und de Sade soll Duperret von einem Erotomanen gespielt werden. Während die Corday die meiste Zeit über schläft, demzufolge passiv ist, ist Duperret aktiv und versucht seine Rolle als Liebhaber vollständig auszunutzen. Es wird mehrmals erwähnt, dass die Beziehung zwischen Corday und Duperret von platonischer Natur sein soll, daher wirkt es grotesk, wenn Duperret versucht, sich an Corday zu vergehen. Wie dieses stürmische Begehren von Duperret auszusehen hat, hat Weiss durch ein paar Regieanweisungen angedeutet. So lauten einige Anweisungen:

Eine der bewachenden Schwestern tritt an Duperret heran und zieht dessen Hand zurück, die sich in einer Liebkosung an Cordays Busen gelegt hat. Corday steht versunken da.[…] wirft sich aufs Knie vor ihr und umschlingt ihre Beine mit den Armen […] drängt sich nah an sie heran, legt seinen Kopf an ihren Schoß […] erhebt sich, indem er Corday umschlingt, versucht, sie zu küssen. (Marat/Sade, 54–56)

Wichtig ist, dass Corday sich nicht gegen Duperret wehren kann durch ihre Schlafsucht, sondern durch die Schwestern oder den Ausrufer gerettet wird, bevor Duperret zum Äußersten Gelegenheit bekommt.

10

Corday ist einerseits die Feme Fatale und andererseits das Opfer der männlichen Begierde. Nur in einem weiteren Bild bekommt die Corday die Chance aktiv zu werden. Im Bild »21 Sade unter der Peitsche« ist Corday diejenige, die die Peitsche gegen de Sade führt. In diesem Bild wird ein sexueller Vorgang inszeniert, der mit politischen Fragen korreliert wird. De Sade ist zutiefst von der Revolution enttäuscht, da er in ihr die Möglichkeit sah für die vollkommene Freiheit des Individuums:

Sade   Zunächst sah ich in der Revolution die Möglichkeit

                  zu einem ungeheuren Auswuchs an Rache

                  zu einer Orgie die alle früheren Träume übertraf

                  […]

                  Ich sah daß ich nicht fähig war zum Mord

                  Peitschenhieb.

                  Er stöhnt asthmatisch

                  obgleich dies doch die letzte Tat war

                  mit der der Beweis meines Daseins erbracht werden konnte

                  und jetzt

                  Peitschenhieb.

                  Er stöhnt auf

                  […]

                  als ich sah wie meine Prophezeiungen sich verwirklichten

                  Corday steht breitbeinig über ihm.

                  und wie die Weiber gelaufen kamen

                    in den blutigen Händen

                  die abgeschnittenen Geschlechtswerkzeuge von Männern

                  […]

                  da war dieser Vergeltung schon jeder Sinn genommen

                  es war eine mechanische Vergeltung

                  […]

                  jetzt sehe ich

                  wohin sie führt

                  diese Revolution

                  zu einem Absterben des Urteilsvermögens

                  zu einer Selbstverleugnung

zu einer tödlichen Schwäche (Marat/Sade, 69–72)

Er glaubte die Revolution könnte absolute Freiheit bringen, die sich in einer schrankenlosen Sexualität äußert. Doch anstelle des Individualismus tritt die Position von Marat, die Massenhinrichtung, die vollständige Auslöschung aller Gegner der Revolution, denn dies ist für Marat die Voraussetzung zur Herstellung sozialer Gleichheit. Die Standesunterschiede werden brutal beseitigt. Es wird deutlich, dass de Sade ein Theoretiker und Verfechter des Individualismus ist, während Marat die politische Tat und Gleichheit postuliert. Beide Positionen erscheinen als diametral entgegengesetzte Pole, die sich ausschließen. De Sade, der anfänglich für die Revolution arbeitete, kehrt sich nun von dieser ab und büßt unter der Peitsche für seine Beteiligung an der Revolution und ihrer neuen Ideale, die nicht seine sind. Er büßt unter einer höheren Instanz, die hier von Corday, einer Frau, verkörpert wird. Diese Szenerie ist gleichzeitig sexuell aufgeladen: Die Frau als Sadistin peitscht den Mann als Masochisten, dies ist eine sexuelle Praktik, die sich aus der Beziehung von Herrscher und Beherrschten speist. Eine Analogie zur Politik kann gebildet werden: Politik ist die Beziehung der Herrscher zum Volk, das die beherrschte Masse darstellt. De Sade als ehemaliger Aristokrat beherrschte das Volk, deren Vertreter Corday ist, doch nun haben sich die Vorzeichen umgekehrt, d. h. das Volk beherrscht die ehemaligen Herrscher. Die Corday, die später Marat umbringen wird, bestraft de Sade, und stellt damit eine übergeordnete Instanz dar, eine Justitia, die die beiden politischen Vertreter bestraft.

Sexuelle Gewalt ist bei *Marat/Sade* nicht parabelhaft, sondern mit dem ideologischen politischen Dikurs verknüpft. Sie dient der Buße und der kritischen Auseinandersetzung mit politischen Positionen. In Hinblick auf Corday fungiert die Frau als erotische Märtyrerin und Instrument der Gewalt, von Duperrets Position aus ist die Frau nur ein Objekt der männlichen Begierde und Gewalt. Dagegen ist sexuelle Gewalt für de Sade ein Zeichen der absoluten Freiheit des Individuums.

4. Zusammenfassung und Ausblick

Wenn die Dramen in der Geschichte ihrer Entstehung betrachtet werden, wie dies jetzt geschah, wird deutlich, dass Sexualität und Gewalt in Peter Weiss' Texten einen durchgehenden Topos bilden.

Die Anfänge zeigen eine Gewalterfahrung, die als innerpsychische dargestellt wird: Im *Turm* streiten Eros und Thanatos, Lust und Tod, um die Vorherrschaft in unserer Psyche, wobei sich Thanatos Gewaltfantasien und Vergewaltigungen bedient um ans Ziel zu gelangen. Gleichzeitig ist Eros eine sanfte und grausame Erscheinung, in Form von Nelly und der Dompteuse, wobei der Mann um die sexuelle Vorherrschaft kämpfen muss, wenn die aktive und dominante Frau in sein Leben tritt.

Im Moritat *Nacht mit Gästen* wird die sexuelle Vorherrschaft und die Herrschaft im Raum mithilfe eines Messers, also einer Waffe, erzwungen. Die Frau wird sexuell unterworfen und dies geschieht mit Gewalt, während der Mann seinen Platz als Herrscher immer durch andere Kontrahenten verteidigen muss. Durch die parabelhafte Gestaltung macht Weiss deutlich, dass sexuelle Gewalt ein universelles Phänomen darstellt, das in jeder Gesellschaft stattfinden kann und damit jeden betrifft.

Im *Marat/Sade* wird uns die sexuelle Gewalt als Buße für politische Unzulänglichkeiten präsentiert. De Sade lässt sich peitschen, um für sein Mitwirken an der Revolution zu büßen, da diese die Ideale verloren habe. Daneben präsentiert uns Weiss die Feme Fatale, die eine latente Bedrohung für den Mann ist, da diese ebenso sexuell potent sein kann wie der Mann bzw. die Herrscherinnenrolle gegenüber dem Mann einnehmen kann.

Heute konnte ich nur einen kleinen Ausschnitt präsentieren, ich habe noch nicht hinlänglich die sexuelle Gewalt bei Weiss beschrieben und analysiert. Daher ist mein Vortrag als ein Versuch zu verstehen, der in gebotener Kürze grundsätzliche Beobachtungen zu Sexualität und Gewalt an ausgewählten Stücken von Peter Weiss vorstellen wollte. Es wären noch die anderen frühen Dramen zu betrachten, also den *Mockinpott* und *Die Versicherung*, auch wäre es interessant die Stücke *Hölderlin*, *Trotzki im Exil* und die Dokumentarstücke auf diesen Aspekt hin zu untersuchen. Daneben habe ich die Frage ausgelassen, ob es neben der sexuellen Gewalt Liebesbeziehungen bei Weiss dargestellt werden.

Es gibt also noch viel in diesem Themenfeld zu untersuchen, das hoffentlich seine Liebhaber und Interessenten finden wird. Ich jedenfalls werde die aufgeworfenen Fragen weiter untersuchen.

Ich hoffe, ich konnte Sie interessieren, und bedanke mich für Ihr Erscheinen und Interesse und stehe jetzt für Frage zur Verfügung.

Vielen Dank!

Siglenverzeichnis

Kopenhagener Journal = Weiss, Peter: Das Kopenhagener Journal. Kritische Ausgabe. Hgg. von Rainer Gerlach und Jürgen Schutte. 2. Auflage. Göttingen: Wallstein 2007.

Turm = Weiss, Peter: Der Turm. In: ders.: Stücke. Der Turm. Die Versicherung. Nacht mit Gästen. Wie dem Herrn Mockinpott das Leiden ausgetrieben wird. Marat/Sade. Die Ermittlung. Gesang vom Lusitanischen Popanz. Viet Nam Diskurs. Hg. von Manfred Haiduk. Berlin: Henschel 1977. S. 6–33.

Nacht = Weiss, Peter: Nacht mit Gästen. Eine Moritat. In: ders.: Stücke. Der Turm. Die Versicherung. Nacht mit Gästen. Wie dem Herrn Mockinpott das Leiden ausgetrieben wird. Marat/Sade. Die Ermittlung. Gesang vom Lusitanischen Popanz. Viet Nam Diskurs. Hg. von Manfred Haiduk. Berlin: Henschel 1977. S. 95–113.

Marat/Sade = Weiss, Peter: Die Verfolgung und Ermordung Jean Paul Marats dargestellt durch die Schauspielgruppe des Hospizes zu Charenton unter Anleitung des Herrn de Sade. In: ders.: Stücke. Der Turm. Die Versicherung. Nacht mit Gästen. Wie dem Herrn Mockinpott das Leiden ausgetrieben wird. Marat/Sade. Die Ermittlung. Gesang vom Lusitanischen Popanz. Viet Nam Diskurs. Hg. von Manfred Haiduk. Berlin: Henschel 1977. S. 153–245.

Literaturverzeichnis

Anz, Thomas: Literatur und Lust. Glück und Unglück beim Lesen. München: DTV 2002.

Beise, Arnd: Peter Weiss. Stuttgart: Reclam 2002 (= Universal-Bibliotek, Nr. 17633).

Braun, Karlheinz (Hg.): Materialien zu Peter Weiss' ›Marat/Sade‹. Frankfurt/M.: Suhrkamp 1967.

Diefenbach, Thilo: »Eine Welt von Leibern«. Sexualität und Politik in den *Notizbüchern* und anderen Werken von Peter Weiss. In: Peter Weiss Jahrbuch 15 (2006). S. 97–112.

Freud, Sigmund: Jenseits des Lustprinzips. In: ders.: Das Ich und das Es. Metapsychologische Schriften. 2. Auflage. Frankfurt/M.: Fischer TB 2010. S. 191–249.

Haiduk, Manfred: Der Dramatiker Peter Weiss. Berlin: Henschel 1977.

Lennig, Walter: Marquis de Sade. 9. Auflage. Reinbek: Rowohlt 2002 (= Rowohlts Bildmonographien, 50108).

Neuhaus, Stefan: Sexualität im Diskurs der Literatur. Tübingen und Basel: Francke 2002.

Porto, Petra: Sexuelle Norm und Abweichung. Aspekte des literarischen und des theoretischen Diskurses der Frühen Moderne (1890–1930). München: belleville 2011 (= Reihe Theorie und Praxis der Interpretation, Bd. 9).

Treichel, Hans-Ulrich: Am eigenen Leib. Sinnliche Erfahrung und ästhetische Wahrnehmung in Peter Weiss' Prosa. In: ders.: Über die Schrift hinaus. Essays zur Literatur. Frankfurt/M.: Suhrkamp 2000. S. 169–184.

Weiss, Peter: Stücke. Der Turm. Die Versicherung. Nacht mit Gästen. Wie dem Herrn Mockinpott das Leiden ausgetrieben wird. Marat/Sade. Die Ermittlung. Gesang vom Lusitanischen Popanz. Viet Nam Diskurs. Hg. von Manfred Haiduk. Berlin: Henschel 1977.

Weiss, Peter: Der Maler Peter Weiss. Bilder, Zeichungen, Collagen, Filme. Hg. von Peter Spielmann. Berlin: Frölich und Kaufmann 1984.

Weiss, Peter: Das Kopenhagener Journal. Kritische Ausgabe. Hgg. von Rainer Gerlach und Jürgen Schutte. 2. Auflage. Göttingen: Wallstein 2007.

Weiss, Peter: Briefe an Henriette Itta Blumenthal. Hgg. von Hannes Bajohr und Angela Abmeier. Berlin: Matthes & Seitz 2011.

Wünsch, Marianne: Regeln erotischer Beziehungen in Erzähltexten der Frühen Moderne und ihr theoretischer Status. In: ders.: Moderne und Gegenwart. Erzählstrukturen in Film und Literatur. Hgg. von Lutz Hagestedt und Petra Porto. München: belleville 2012 (= Reihe Theorie und Praxis der Interpretation, Bd. 10). S. 119–169.

Wünsch, Marianne: Sexuelle Abweichung im theoretischen Diskurs und Literatur der Frühen Moderne. In: ders.: Moderne und Gegenwart. Erzählstrukturen in Film und Literatur. Hgg. von Lutz Hagestedt und Petra Porto. München: belleville 2012 (= Reihe Theorie und Praxis der Interpretation, Bd. 10). S. 171–192.